Género Fantasía

I0799245

Pregunta esencial

¿Cómo ayuda la gente en la comunidad?

Las libélulas

Luz Gracciani
ilustrado por Jairo Linares

LECTURA COMPLEMENTARIA

En la isla Bonita, hay un festival a beneficio de las ranas bebés.

Los animales quieren ayudar. Lobito silba. Rabito salta. Abi revolotea. Todos bailan.

—¡A las balsas! ¡A los botes! —dice Abi.

—¡Yo quiero ir! —dice Lobito con ánimo.

—¡Y yo! —dice Rabito.

El sol lo ilumina todo.

De pronto, una nube inmensa tapa el sol.

Así, los animales no ven casi nada.

—¡Qué feo! No sabemos adónde ir —dice Lobito.

—Es verdad —dice Rabito.

—¿A quién podemos pedir ayuda? —dice Lobito.

—¡Ya sé! Podemos llamar al sol —dice Rabito—. ¡Sal, solecito! ¡No vemos nada!

Pero el sol no sale.

—¡Nube, nubecita, no vemos nada! —dice Rabito.

Pero la nube no se va.

—¡Mira! ¡Ahí van las libélulas! —dice Rabito.

—¡Libélulas! —dice Lobito—. ¿Adónde van?

—A la isla Bonita —dicen.

—Pero ¿cómo? Si no se ve nada... —dice Lobito.

—Si todas movemos las alas, la nube se irá —dicen las libélulas.

Las libélulas pueden mover la nube.

Todos están contentos.

¡Hay sol para el festival!

Respuesta a la lectura

Volver a contar

Vuelve a contar el cuento con tus propias palabras.

Personaje	Ambiente	Sucesos

Evidencia en el texto

1. ¿Dónde se desarrolla *Las libélulas*? **Personaje, ambiente, sucesos**
2. ¿Qué hacen las libélulas para solucionar el problema? **Personaje, ambiente, sucesos**
3. ¿Cómo sabes que *Las libélulas* es un cuento de fantasía? **Género**

Género **No ficción**

Compara los textos

Lee sobre una colecta de alimentos.

Todos a donar

Escuela Lincoln

viernes 12 de noviembre

Trae tu donación.

La escuela Lincoln organizó una colecta de alimentos. Todos los niños quieren ayudar. Acomodan la comida en cajas y luego las ponen en un carro.

Alimentos para donar

1. cereal
2. arroz
3. pasta
4. sopa

Haz conexiones

¿En qué se parece lo que hacen los animales de *Las libélulas* a lo que hacen los niños de este texto? **El texto y otros textos**

Enfoque: Género

Fantasía Los cuentos de fantasía son historias inventadas que no podrían ocurrir en la vida real.

Lee y descubre En *Las libélulas*, los animales hablan y se comportan como seres humanos. Los animales reales no hablan ni se comportan como seres humanos.

Tu turno

Imagina que eres una de las libélulas del cuento. Haz un dibujo que muestre otra solución posible al problema de los animales. Escribe algunas palabras para describirlo.